Adj. 1923. – 2e Lot. N° 1243.

RÉPUBLIQUE FRANÇAISE

LIBERTÉ, ÉGALITÉ, FRATERNITÉ

PRÉFECTURE DU DÉPARTEMENT DE LA SEINE

DIRECTION DE L'ENSEIGNEMENT PRIMAIRE

RÈGLEMENT

DES

ÉCOLES PRIMAIRES PUBLIQUES

du département de la Seine

ADOPTÉ PAR LE CONSEIL DÉPARTEMENTAL DE L'ENSEIGNEMENT PRIMAIRE
DANS SES SÉANCES DES 10 NOVEMBRE 1904, 17 DÉCEMBRE 1918,
12 AVRIL 1922, 9 FÉVRIER 1923 ET 11 JUILLET 1925.
ET APPROUVÉ PAR M. LE MINISTRE DE L'INSTRUCTION PUBLIQUE LES 24 MARS 1905,
15 MARS 1919, 17 JUILLET 1922, 1er MAI 1923 ET 21 AOUT 1925.

PARIS
IMPRIMERIE E. DESFOSSÉS
13, QUAI VOLTAIRE, 13

1925

Adj. 1923. — 2e Lot. No 1243.

RÉPUBLIQUE FRANÇAISE

LIBERTÉ, ÉGALITÉ, FRATERNITÉ

PRÉFECTURE DU DÉPARTEMENT DE LA SEINE

DIRECTION DE L'ENSEIGNEMENT PRIMAIRE

RÈGLEMENT

DES

ÉCOLES PRIMAIRES PUBLIQUES

du département de la Seine

ADOPTÉ PAR LE CONSEIL DÉPARTEMENTAL DE L'ENSEIGNEMENT PRIMAIRE
DANS SES SÉANCES DES 10 NOVEMBRE 1904, 17 DÉCEMBRE 1918,
12 AVRIL 1922, 9 FÉVRIER 1923 ET 11 JUILLET 1925.
ET APPROUVÉ PAR M. LE MINISTRE DE L'INSTRUCTION PUBLIQUE LES 24 MARS 1905,
15 MARS 1919, 17 JUILLET 1922, 1er MAI 1923 ET 21 AOUT 1925.

PARIS
IMPRIMERIE E. DESFOSSÉS
13, QUAI VOLTAIRE, 13

1925

RÈGLEMENT

Préambule

L'éducation des enfants étant un des premiers devoirs des parents envers la société,

Et la République pourvoyant largement aux dépenses de cette éducation,

La présente école est ouverte pour en répandre le bienfait, et elle est administrée conformément au Règlement ci-dessous, établi en exécution de l'article 48 de la loi organique et de l'article 29 du décret organique de l'Enseignement primaire.

Article premier

La garde de l'école est commise au directeur de cette école; il ne permettra pas qu'on la fasse servir à aucun usage étranger à sa destination sans une autorisation spéciale, qui sera accordée par le Préfet après avis de l'Inspecteur d'Académie.

Dans le cas où cette autorisation serait accordée, les frais de nettoyage et les dégradations seront à la charge des personnes ou des collectivités qui l'auront obtenue.

Article 2

Le concierge de l'école et tous les gens de service attachés à l'école sont placés sous l'autorité immédiate du Directeur ou de la Directrice.

Article 3

L'école, peinte, blanchie ou lessivée tous les ans par la commune, est tenue, sous la responsabilité du Directeur, dans un état constant de propreté et de salubrité. Le balayage à sec est interdit. L'air sera fréquemment renouvelé. Les fenêtres seront ouvertes pendant l'intervalle des classes, même en hiver.

ARTICLE 4

L'entrée de l'école est formellement interdite à toute personne autre que celles qui sont préposées à la surveillance des écoles par l'article 9 de la loi du 30 octobre 1886 et l'article 138 du décret organique du 18 janvier 1887 (Inspecteurs généraux, Recteurs, Inspecteurs d'académie, Inspecteurs de l'enseignement primaire, Membres du Conseil départemental délégués à cet effet, Maires, Délégués cantonaux), ou qui ont soit une délégation spéciale du Préfet, *soit une autorisation de l'Inspecteur d'académie.*

ARTICLE 5

Les enfants sont admis dès l'âge de 6 ans et jusqu'à 14 ans. En dehors de ces limites, leur admission est subordonnée à l'autorisation de l'Inspecteur primaire. Appel de la décision de l'Inspecteur primaire peut être interjeté devant l'Inspecteur d'académie.

Dans les communes où il n'y a pas d'école maternelle, l'âge d'admission est abaissé à 5 ans.

Le Directeur de l'école peut, après avis du Conseil de tous les instituteurs de l'école, renvoyer provisoirement pour insubordination ou faute grave les élèves âgés de 13 ans révolus. Cette exclusion ne devient définitive que par décision de l'Inspecteur d'académie. Elle peut être étendue à toutes les écoles publiques.

ARTICLE 6

Tout enfant dont l'admission est demandée doit présenter au maire de la commune, ou, à Paris, de l'arrondissement, un bulletin de naissance et un certificat constatant qu'il a été vacciné ou qu'il a eu la petite vérole et qu'il n'est pas atteint de maladies ou infirmités de nature à nuire à la santé des autres élèves, en particulier la phtiriase. Le Maire délivre un bulletin d'admission qui est remis au Directeur de l'école. L'enfant qui a atteint sa dixième année doit, pour être admis ou maintenu dans l'école, être, conformément à l'article 6 de la loi du 15 février 1902, revacciné, soit par le médecin de sa famille, soit par les soins du médecin attaché à l'école ou délégué à cet effet par l'Administration. Mention sera faite sur le bulletin d'admission de la date des certificats de vaccination et de revaccination.

Les enfants atteints de phtiriase dont la présence dans l'école serait un danger pour leurs camarades pourront être éloignés de l'école sur la demande du médecin-inspecteur. La durée de l'éviction sera limitée au temps nécessité par les soins curatifs, la phtiriase ne pouvant être invoquée comme une excuse de non fréquentation de l'école.

Article 7

Les enfants se présenteront à l'école dans un état de propreté convenable. La visite de propreté sera faite par l'Instituteur avant l'entrée en classe. Les élèves qui ne se présenteront pas en état de propreté pourront être reconduits dans leurs familles.

Article 8

Pendant les heures de classe, les enfants ne quitteront jamais l'école pour se rendre aux exercices religieux.

Il n'est admis d'exception que pour la semaine qui précède les premières communions et sur la demande écrite des parents.

Article 9

En retour de tous les avantages que la loi leur confère pour l'instruction de leurs enfants et surtout dans l'intérêt de ceux-ci, les parents doivent seconder l'instituteur dans sa tâche quotidienne et le soutenir de leur autorité dans les questions de discipline. Ils pourront être invités à se rendre à l'école pour s'entendre avec l'instituteur et lui donner tous les renseignements utiles.

Article 10

Quand l'instituteur prendra la direction de l'école, il devra, de concert avec le maire ou son délégué, faire le récolement du mobilier scolaire, de la bibliothèque, des archives, et, s'il y a lieu, de son mobilier personnel et de celui de ses adjoints.

A Paris, ce récolement sera fait avec le concours des agents du magasin scolaire.

Article 11

Toute souscription, quête ou loterie entre élèves, non autorisées par l'Inspecteur d'académie, sont interdites.

Article 12

Aucun livre ni brochure, aucun imprimé ni manuscrit étrangers à l'enseignement ne peuvent être mis entre les mains des élèves sans l'autorisation de l'Inspecteur d'académie.

Article 13

Dans les écoles où les fournitures scolaires ne sont pas gratuites, l'instituteur pourra fournir les objets nécessaires aux élèves.

L'Inspecteur primaire arrêtera la nomenclature et le prix des objets à fournir. Le tableau, ainsi arrêté, portant le visa de l'Inspecteur primaire, sera affiché dans l'école.

Article 14

Les classes dureront trois heures le matin et trois heures le soir. Celle du matin commencera à huit heures et demie; celle de l'après-midi, à une heure ; elles seront coupées par les récréations réglementaires.

Les portes de l'école sont ouvertes le matin à huit heures et fermées à huit heures et demie; le soir, elles seront fermées à une heure précise.

Suivant les besoins des localités, les heures d'entrée et de sortie pourront être modifiées, sur la demande des autorités locales, par l'Inspecteur primaire. Appel de sa décision pourra être interjeté devant l'Inspecteur d'académie.

Article 15

Les élèves qui ne sont pas rendus à leur famille dans l'intervalle des classes, ou qui sont maintenus à l'école en dehors des heures de classe par application du présent règlement, demeurent sous la surveillance des instituteurs jusqu'à l'heure où ils quittent définitivement la maison d'école. En dehors des cas prévus par le présent article, aucun service ne pourra être imposé aux instituteurs sans un ordre spécial de l'Inspecteur d'académie, directeur de l'enseignement primaire.

Les enfants qui prennent le repas de midi à l'école, mais qui sont autorisés par leurs parents à quitter l'école avant ou après le repas, sont considérés comme rendus à leur famille pendant leur absence.

Qu'ils prennent ou non leur repas de midi à l'école, il est interdit aux enfants d'apporter, et il est interdit de leur donner d'autres boissons que de l'eau, du lait, de la bière, du vin ou du cidre étendus d'eau, des infusions hygiéniques sans aucune addition de spiritueux.

Article 16

La répartition mensuelle ou trimestrielle des matières du programme d'enseignement, l'emploi du temps, le service intérieur et le système disciplinaire sont arrêtés par le Directeur après entente avec les instituteurs de l'école réunis en conférence, conformément aux prescriptions de l'article 19 de l'arrêté du 18 janvier 1887 et aux autres prescriptions réglementaires, sous la réserve de l'approbation de l'Inspecteur primaire. L'emploi du temps sera affiché dans les classes.

La correction des devoirs se fera suivant ce qui est dit au paragraphe IV de l'article 19 précité de l'arrêté de 1887, ce qui n'exclut pas, pour le maître, l'obligation de contrôler et de noter, s'il y a lieu, les travaux des élèves.

ARTICLE 17

Les punitions admises dans les écoles publiques sont :

1° les mauvais points ;

2° la réprimande ;

3° la privation partielle de la récréation ;

4° la retenue après la classe du soir ;

5° l'imposition d'un court devoir supplémentaire dans la famille ;

6° l'exclusion de trois jours au plus, sous la seule responsabilité du Directeur de l'école. Avis en sera donné immédiatement par le Directeur à la famille, aux autorités locales et à l'Inspecteur primaire.

Une exclusion de plus longue durée ne pourra être prononcée que par l'Inspecteur primaire. Appel de sa décision pourra être interjeté devant l'Inspecteur d'académie.

ARTICLE 18

Il est absolument interdit d'infliger aucun châtiment corporel.

ARTICLE 19

Il est absolument interdit aux instituteurs et institutrices publics de recevoir des élèves ou de leurs parents aucune espèce de cadeaux.

ARTICLE 20

Pendant la durée de la classe, l'instituteur ne pourra être distrait de ses fonctions professionnelles ni s'occuper d'un travail étranger à ses devoirs scolaires.

ARTICLE 21

L'instituteur ne pourra ni intervertir les jours de classe ni s'absenter sans y avoir été autorisé par l'Inspecteur primaire et sans avoir donné avis de cette autorisation aux autorités locales. Si l'absence doit durer plus de huit jours, l'autorisation de l'Inspecteur d'académie est nécessaire. Un congé de plus de quinze jours ne peut être accordé que par le Préfet. Dans les circonstances graves et imprévues, l'instituteur pourra s'absenter, sans autre condition que de donner immédiatement avis de son absence aux autorités locales et à l'Inspecteur primaire.

Article 22

Les classes vaqueront le jeudi et le dimanche de chaque semaine.

Article 23

Le jour des obsèques d'un instituteur décédé dans l'exercice de ses fonctions, l'école à laquelle il appartient vaquera de plein droit, et un instituteur de chaque école de l'arrondissement ou de la commune sera délégué pour assister auxdites obsèques.

Article 24

Les congés sont fixés ainsi qu'il suit :

Les jours légalement fériés ;

Le matin du 2 novembre ;

Les deux jours qui précèdent Pâques et la semaine suivante ;

Deux mois à la fin de l'année scolaire ;

Six jours de congé mobiles qui seront fixés par M. le Préfet de la Seine, sur la proposition de l'Inspecteur d'académie Directeur de l'Enseignement primaire de la Seine, ainsi qu'il suit :

Cinq jours après avis du Conseil Général ;

Un jour après avis des Maires en ce qui concerne les communes de banlieue et du Conseil municipal en ce qui concerne Paris.

Article 25

L'époque des grandes vacances sera fixée, chaque année, par le Préfet en Conseil départemental.

Article 26

Les autorités préposées par la loi à la surveillance de l'instruction primaire sont chargées de l'exécution du présent Règlement, qui sera applicable dans toutes les écoles primaires de garçons et de filles du département de la Seine.

Article 27

Le préambule et les articles 1er, 2, 3, 4, 5, 6, 7, 8, 9, 12, 14, 17, 22, 23, 24, ainsi que l'article 10 de la loi du 28 mars 1882, seront affichés dans les endroits les plus apparents de l'école.

Article 28

Le Règlement en date du 9 novembre 1889 est abrogé.

ANNEXES

Décret organique du 18 janvier 1887

CHAPITRE II

Ecoles primaires élémentaires.

. . . .

. . . .

SECTION III. — *De l'enseignement.*

ARTICLE 27

L'instruction primaire élémentaire comprend :

L'enseignement moral et civique ;

La lecture et l'écriture ;

La langue française ;

Le calcul et le système métrique ;

L'histoire et la géographie, spécialement de la France ;

Les leçons de choses et les premières notions scientifiques ;

Les éléments du dessin, du chant et du travail manuel, principalement dans leurs applications à l'agriculture (travaux d'aiguille dans les écoles de filles) ;

Et les exercices gymnastiques et militaires.

Arrêté ministériel du 18 janvier 1887

. . . .

. . . .

CHAPITRE II

Écoles primaires élémentaires

SECTION I

ARTICLE 9

L'enseignement dans les écoles primaires élémentaires est partagé en trois cours : cours élémentaire, cours moyen, cours supérieur.

La constitution de ces trois cours est obligatoire dans toutes les écoles, quel que soit le nombre des classes et des élèves.

ARTICLE 10

La durée des études se divise comme il suit :

Section préparatoire : un an, de 6 à 7 ans ;

Cours élémentaire : deux ans, de 7 à 9 ans ;

Cours moyen : deux ans, de 9 à 11 ans ;

Cours supérieur : deux ans, de 11 à 13 ans.

Article 11

Dans les écoles qui n'ont qu'un maitre et qu'une classe, il ne pourra être établi aucune division ni dans le cours moyen ni dans le cours supérieur ; il n'en pourra être établi plus de deux pour les enfants au-dessous de 9 ans.

Dans les écoles qui n'ont que deux maîtres, l'un sera chargé du cours moyen et du cours supérieur, l'autre du cours élémentaire, y compris, s'il y a lieu, la section des enfants au-dessous de 7 ans.

Dans les écoles qui ont trois maîtres, chaque cours forme une classe distincte.

Dans les écoles à quatre classes, le cours élémentaire comptera deux classes, chacun des deux autres cours une seule classe.

Dans les écoles à cinq classes, le cours élémentaire comptera deux classes, le cours moyen deux, le cours supérieur une.

Dans les écoles à six classes, chacun des trois cours formera deux classes, à moins que le nombre des élèves du cours supérieur ne permette de les réunir en une seule classe.

Article 12

Toutes les fois qu'un même cours comprendra deux classes, l'une formera la première année du cours, l'autre la seconde.

Ces deux classes suivront le même programme, mais les leçons et les exercices seront gradués de telle sorte que les élèves puissent dans la seconde année, revoir, approfondir et compléter les études de la première.

Article 13

Au-dessus de six classes, quel que soit le nombre des maîtres, aucun cours ne devra former plus de deux années. Les classes en plus du nombre de six, non compris la section enfantine, seront des classes parallèles destinées à dédoubler l'effectif, soit de la première soit de la seconde année.

Article 14

Chaque année, à la rentrée, les élèves, suivant leur degré d'instruction, sont répartis par le directeur dans les divers cours, sous le contrôle de l'inspecteur primaire.

La possession de la première partie du certificat d'études donne droit à l'entrée dans le cours supérieur.

Article 15

Chaque élève, à son entrée à l'école, recevra un cahier spécial qu'il devra conserver pendant toute la durée de sa scolarité. Le premier devoir de chaque mois, dans chaque ordre d'études, sera fait sur ce cahier par l'élève, en classe et sans secours étranger, de telle sorte que l'ensemble de ces devoirs permette de suivre la série des exercices et d'apprécier les progrès de l'élève d'année en année. Ce cahier sera déposé à l'école.

Article 16

Tout concours entre les écoles publiques auquel ne participerait pas l'ensemble des élèves de l'un au moins des trois cours est formellement interdit.

Article 17

L'enseignement donné dans les écoles primaires publiques se rapporte à un triple objet : *éducation physique, éducation intellectuelle, éducation morale.* Les leçons et exercices gradués qu'il comporte sont répartis dans le cours d'études, conformément aux programmes annexés au présent arrêté.

Article 18

Au commencement de chaque année scolaire, le tableau de l'emploi du temps par jour et par heure est dressé par le directeur de l'école, et, après approbation de l'inspecteur primaire, il est affiché dans les salles de classe.

Article 19

La répartition des exercices doit satisfaire aux conditions générales ci-après déterminées.

I. Chaque séance doit être partagée en plusieurs exercices différents, coupés par les récréations réglementaires.

II. Les exercices qui demandent le plus grand effort d'attention, tels que les exercices d'arithmétique, de grammaire, de rédaction, seront placés de préférence le matin, ou, dans les écoles de demi-temps, au commencement de la classe.

III. Toute leçon, toute lecture, tout devoir, sera accompagné d'explications orales et d'interrogations.

IV. La correction des devoirs et la récitation des leçons ont lieu pendant les heures de classe auxquelles se rapportent ces devoirs et ces leçons. Dans la règle, les devoirs sont corrigés au tableau noir en même temps que se fait la visite des cahiers. Les rédactions sont corrigées par le maître en dehors de la classe.

V. Les trente heures de classe par semaine (non compris le temps que les élèves peuvent consacrer, soit à domicile, soit dans des études surveillées, à la préparation des devoirs et des leçons) devront être réparties d'après les indications suivantes :

1° Il y aura chaque jour, dans les deux premiers cours, une leçon qui, sous la forme d'entretien familier, ou au moyen d'une lecture appropriée, sera consacrée à l'instruction morale. Dans le cours supérieur, cette leçon sera, autant que possible, le développement méthodique du programme de morale.

2° L'enseignement du français (exercices de lecture, lectures expliquées, leçons de grammaire, exercices orthographiques, dictées, analyses, récitations, exercices de composition, etc.) occupera tous les jours environ deux heures.

3° L'enseignement scientifique occupera en moyenne, et suivant les cours, de une heure à une heure et demie par jour, savoir : trois quarts d'heure ou une heure pour l'arithmétique et les exercices qui s'y rattachent, le reste pour les leçons de choses et les premières notions scientifiques.

4° L'enseignement de l'histoire et la géographie, auquel se rattache l'instruction civique, comporte environ une heure de leçon tous les jours.

5° Le temps consacré aux exercices d'écriture proprement dite sera d'une heure au moins par jour dans le cours élémentaire et se réduira graduellement, à mesure que les divers devoirs dictés ou rédigés pourront en tenir lieu.

6° L'enseignement du dessin, commencé par des leçons très courtes dès le cours élémentaire, occupera dans les deux autres cours deux ou trois leçons chaque semaine.

7° Les leçons de chant occuperont de une à deux heures par semaine, indépendamment des exercices de chant, qui auront lieu tous les jours à la rentrée et à la sortie des classes.

8° La gymnastique, outre les évolutions et les exercices sur place qui peuvent accompagner les mouvements de classe, occupera tous les jours, ou au moins tous les deux jours, une séance dans le courant de l'après-midi.

En outre, dans les communes où les bataillons scolaires sont constitués, les exercices de bataillon ne pourront avoir lieu que le jeudi et le dimanche ; le temps à y consacrer sera déterminé par l'instructeur militaire, de concert avec le directeur de l'école.

9° Enfin, pour les garçons aussi bien que pour les filles, deux ou trois heures par semaine seront consacrées aux travaux manuels.

Section II

Les articles 20, 21 et 22 ont été remplacés par les dispositions suivantes du décret du 21 février 1914.

Article premier

Dans chaque département, la liste des livres reconnus propres à être mis en usage dans les écoles primaires publiques est l'objet d'une révision annuelle.

Article 2

A cet effet, les instituteurs et les institutrices titulaires de chaque canton, réunis chaque année en conférence sous la présidence de l'inspecteur primaire, proposent les additions et les suppressions qu'ils jugent utiles. Chaque proposition doit être l'objet d'un rapport motivé et d'un vote de la conférence.

Article 3

Ces propositions sont transmises à l'inspecteur d'académie. Une commission, siègeant au chef-lieu du département, les examine et dresse, pour le département, la liste de celles de ces propositions qu'elle adopte.

Cette commission est composée ainsi qu'il suit : l'inspecteur d'académie, président ; les inspecteurs primaires, le directeur, la directrice et les professeurs des écoles normales, les délégués des instituteurs et des institutrices au Conseil Départemental, deux délégués cantonaux désignés par le Conseil Départemental.

Article 4

La liste dressée par la commission siégeant au chef-lieu du du département est soumise à l'approbation du recteur.

Si le recteur refuse d'approuver l'addition ou la suppression d'un ouvrage, il en réfère au ministre qui statue après avis de la section permanente du Conseil Supérieur de l'Instruction Publique.

Article 5

Sont et demeurent abrogés le décret du 1er juillet 1913 et toutes dispositions contraires au présent décret.

Article 6

Les registres dont la tenue est exigée des instituteurs et institutrices sont :

1° Le registre matricule ;

2° Le registre d'appel ou de présence ;

3° Le registre d'inventaire du mobilier de l'école et du matériel d'enseignement ;

4° Le registre d'inventaire du mobilier personnel, s'il y a lieu ;

5° Le catalogue des livres de la bibliothèque populaire de l'école publique avec le registre des recettes et des dépenses et le registre des entrées et des sorties.

. . . .

EXTRAIT
de la circulaire ministérielle du 13 janvier 1895, sur le Cahier de Devoirs mensuels et le Cahier de roulement.

...... Je ne fais aucune objection à ce que le *Cahier* dit *de devoirs mensuels* soit employé comme *Cahier de compositions,* là où les maîtres le croient possible, à ce qu'il contienne un devoir par mois ou un par quinzaine, à ce qu'il soit accompagné ou de corrections sommaires, ou d'annotations détaillées, ou d'un classement des élèves par ordre de mérite suivant le système que le maître croira devoir préférer. Une chose importe et c'est la seule : qu'il existe dans toute école et pour tout enfant, sans exception, un cahier gardé avec soin, qui, d'une manière ou d'une autre, et par un nombre suffisant de spécimens empruntés aux diverses époques de sa scolarité, puisse fournir au bout de quelques années une preuve irrécusable de la régularité de ses études, la trace de sa propre assiduité ou de ses absences et, par conséquent, la meilleure des réponses des instituteurs aux familles qui peuvent demander compte à l'école de ce que les enfants y ont fait et en ont emporté.

Le *Cahier de roulement* est un autre mode de constatation indiscutable de la bonne marche des études dans une école. C'est un caheir où, chaque jour, un élève différent inscrit les devoirs de la journée. Un coup d'œil sur ce cahier permet à la fois de voir si le programme est bien suivi, si les sujets de devoirs et de leçons s'enchaînent bien et, en même temps, si les différents élèves sont à peu près, sinon de même force, du moins de force à suivre, chacun avec fruit, le cours fait pour tous. C'est, en quelque sorte, le journal de classe fait par la classe elle-même, c'est le témoin des efforts du maître et de ceux des élèves, le livre où s'inscrivent en quelque sorte automatiquement, jour par jour, les résultats réels de l'application du programme, jugés, non d'après un élève choisi, mais d'après la classe tout entière.

V

Règlement du 18 août 1893

RELATIF AUX PRESCRIPTIONS HYGIÉNIQUES A PRENDRE DANS LES ÉCOLES PRIMAIRES POUR PRÉVENIR ET COMBATTRE LES ÉPIDÉMIES MODIFIÉ PAR L'ARRÊTÉ MINISTÉRIEL DU 3 FÉVRIER 1912

CHAPITRE Ier

Mesures générales à prendre pour éviter l'éclosion des maladies contagieuses.

ARTICLE PREMIER

Les écoles doivent être pourvues d'eau pure (eau de source, eau filtrée ou bouillie). L'eau pure seule sera mise à la disposition des élèves.

ARTICLE 2

Les cabinets d'aisances des écoles ne doivent pas communiquer directement avec les classes.

Les fosses doivent être étanches et le plus possible éloignées des puits.

ARTICLE 3

Pendant la durée des récréations et le soir après le départ des élèves, les classes doivent être aérées par l'ouverture de toutes les fenêtres.

ARTICLE 4

Le nettoyage du sol ne doit pas être fait à sec par le balayage, mais au moyen d'un linge ou d'une éponge mouillée promenée sur le sol.

ARTICLE 5

Hebdomadairement il est fait un lavage du sol à grande eau avec un liquide antiseptique. — Un lavage analogue des parois doit être fait au moins deux fois par an, notamment aux vacances de Pâques et aux grandes vacances.

Article 6

La propreté de l'enfant est surveillée à son arrivée. Chaque enfant doit se laver les mains au lavabo avant la rentrée en classe après chaque récréation.

CHAPITRE II

Mesures générales à prendre en présence d'une maladie contagieuse.

Article 7

Le licenciement d'école ne doit être prononcé que dans les cas spécifiés à l'article 14. Auparavant l'on doit recourir aux évictions successives et employer les mesures de désinfection prescrites ci-après.

Article 8

Tout enfant atteint de fièvre doit être immédiatement éloigné de l'école ou envoyé à l'infirmerie dans le cas d'un internat.

Article 9

Tout enfant atteint d'une maladie contagieuse bien confirmée doit être éloigné de l'école, et, sur l'avis du médecin chargé de l'inspection, cette éviction peut s'étendre aux frères et sœurs dudit enfant ou même à tous les enfants habitant la même maison.

Article 10

La désinfection de la classe est faite, soit dans l'entre-classe, soit le soir après le départ des élèves.

Elle comprend :

Le lavage de la classe (sol et parois) avec une solution antiseptique.

La désinfection par pulvérisation des cartes et objets scolaires appendus au mur.

La désinfection par lavages des tables, bancs, meubles, etc.

La désinfection complète du pupitre de l'élève malade ; la destruction par le feu des livres, cahiers, etc., de l'élève malade et des jouets ou objets qui auraient pu être contaminés dans les écoles maternelles.

Article 11

Il est adressé à la famille de chaque enfant atteint d'une affection contagieuse une instruction sur les précautions à prendre contre les contagions possibles et sur la nécessité de ne renvoyer l'enfant qu'après qu'il aura été baigné ou lavé plusieurs fois au savon et que tous ses habits auront subi soit la désinfection, soit un lavage complet à l'eau bouillante.

Article 12

Les enfants qui ont été malades ne pourront rentrer à l'école qu'avec un certificat médical et après qu'il se sera écoulé, depuis le début de la maladie, une période de temps égale à celle prescrite par les instructions de l'Académie de médecine

Article 13

Dans le cas où le licenciement est reconnu nécessaire, il est envoyé à chaque famille, au moment du licenciement, un exemplaire de l'instruction relative à la maladie épidémique qui l'aura nécessité.

CHAPITRE III

Mesures particulières à prendre pour chaque maladie contagieuse.

Article 14

Sur l'avis du médecin inspecteur, les mesures suivantes doivent être prises, conformément aux indications contenues dans le rapport adopté par le comité consultatif d'hygiène, lorsque les maladies ci-dessous désignées sévissent dans une école :

A) *Éviction des élèves malades.*

Diphtérie. — 30 jours après guérison clinique constatée par certificat médical. Ce délai peut être abaissé si, après deux ensemencements opérés à huit jours d'intervalle, l'examen bactériologique est négatif.

Variole. — 40 jours après le début de la maladie, la réadmission ne pouvant d'ailleurs avoir lieu que sur présentation d'un certificat médical constatant qu'il n'existe plus de croûtes ou de squames et que l'élève a pris un bain.

Scarlatine. — Mêmes mesures.

Rougeole. — 16 jours.

Oreillons. — 21 jours.

Coqueluche. — 30 jours après disparition absolue des quintes spasmodiques constatée par certificat médical.

Varicelle. — 16 jours après le début de la maladie.

Rubéole. — Idem.

Fièvre typhoïde et paratyphoïde. — 28 jours après guérison constatée par certificat médical.

Dysenterie. — Idem.

Méningite cérébro-spinale. — 40 jours après guérison clinique constatée par certificat médical, la réadmission ne pouvant d'ailleurs avoir lieu que sur attestation que l'enfant n'est pas ou n'est plus atteint de coryza chronique rebelle consécutif à la maladie.

Ce délai peut être abaissé, s'il est établi, par certificat bactériologique, qu'après deux examens opérés à huit jours d'intervalle, on ne trouve plus trace de méningocoques dans le rhino-pharynx.

Poliomyélite. — 30 jours après le début de la maladie.

Teigne (faveuse ou tricophytique). — Jusqu'à guérison.

Trachome. — Jusqu'à guérison.

B) *Eviction des frères et sœurs.*

a) Si le malade n'a pas été isolé, ses frères et sœurs rentrent en même temps que lui, à moins qu'ils n'aient été eux-mêmes atteints.

b) Si les malades ont été isolés, la réadmission des frères et sœurs a lieu après un délai correspondant à la période d'incubation de la maladie augmenté de deux jours, dans les conditions ou sous les réserves suivantes :

Diphtérie. — 15 jours après l'isolement, sauf production d'un certificat bactériologique établissant qu'après deux ensemencements à huit jours d'intervalle le résultat est négatif.

Variole. — 18 jours.

Scarlatine. — 8 jours.

Rougeole. — 18 jours.

Oreillons. — 24 jours.

Coqueluche. — 21 jours.

Varicelle. — 18 jours.

Rubéole. — 18 jours.

Fièvre typhoïde ou paratyphoïde — 21 jours.

Dysenterie. — 21 jours.

Méningite cérébro-spinale. — 28 jours, sauf production d'un certificat bactériologique établissant qu'après deux ensemencements opérés à huit jours d'intervalle on ne trouve plus trace de méningocoques dans le rhino-pharynx.

Poliomyélite. — 28 jours.

Teigne. — Pas d'éviction.

Trachome. — Pas d'éviction.

51605. — Imp E. Desfossés. — 2.500 ex. Coq. 10 kilos. — B. 12-25.

www.ingramcontent.com/pod-product-compliance
Ingram Content Group UK Ltd.
Pitfield, Milton Keynes, MK11 3LW, UK
UKHW022152260726
13993UKWH00005B/2322

9 782329 203713